Primeira edição em língua inglesa em 2013.
Primeira edição em língua portuguesa em 2014.
Reimpresso em 2016 e 2023.

Título original:
The Story of Angulimala

Tradução do original autorizada pelo autor.

Tradução, Revisão e Diagramação Tharpa Brasil

Dados Internacionais de Catalogação na Publicação (CIP)

Kelsang,Gyatso (Geshe), 1931-2022
A história de Angulimala / Geshe Kelsang Gyatso; tradução Tharpa Brasil - São Paulo: Tharpa Brasil, 2016. (Budismo para crianças, 1).
32p.

Título original em inglês: The Story of Angulimala

ISBN 978-85-85928-78-0

1.Budismo. 2. Budismo/histórias infantis.
CDD-294.3

Índices para catálogo sistemático:
1. Budismo: Religião 294.3

Este livro é publicado sob os auspícios do
Projeto Internacional de Templos da NKT-IKBU,
e o lucro recebido com a sua venda está direcionado
para benefício público através desse fundo.
[Reg. Charity number 1015054 (England)]
Para mais informações:
tharpa.com/br/beneficie-todos

2023

EDITORA THARPA BRASIL
Rua Artur de Azevedo, 1326 - Pinheiros
05404-003 - São Paulo, SP
www.tharpa.com/br
@tharpabrasil
+55 11 989595303
contato.br@tharpa.com

EDITORA THARPA PORTUGAL
Rua Moinho do Gato, 5
2710-661 - Várzea de Sintra, Sintra
www.tharpa.pt
@tharpaportugal
info@tharpa.pt

A História de Angulimala

VENERÁVEL GESHE KELSANG GYATSO RINPOCHE

Budismo para Crianças – Nível Um

EDITORA THARPA
BRASIL · PORTUGAL

São Paulo, 2023

A História de Angulimala

Muitos anos atrás, Buda Shakyamuni iluminou-se sob a Árvore Bodhi, em Bodh Gaya, na Índia.

Após a iluminação de Buda, os deuses Brahma e Indra pediram-lhe que ensinasse a todas as pessoas como alcançar a iluminação.

Então, Buda Shakyamuni ensinou às pessoas deste mundo como superar sofrimentos e problemas, como ser calmo e pacífico, e como ser amável e bondoso com os outros.

Buda viajava de um lugar para outro e, toda vez que parava, ensinava as pessoas sobre amor, compaixão e sabedoria.

Ele ensinava às pessoas como superar seus problemas diários tais como preocupações, desavenças, doença, cansaço e infelicidade quando elas não conseguem o que querem ou têm de fazer algo que não querem.

Buda ensinou que não precisamos nos preocupar com esses pequenos problemas. Em vez disso, podemos usar nossa vida para amar e ajudar os outros, para desenvolver sabedoria e nos tornar iluminados e, assim, sentindo-nos sempre felizes, poderemos ajudar os outros a se sentirem felizes também.

Um dia, Buda chegou a uma aldeia que parecia estar deserta. Todos os casebres pareciam estar vazios. Havia um grande silêncio por toda a parte. Então, uma jovem mulher correu para fora de um dos casebres, chorando e soluçando. Ela disse a Buda:

"*Ó querido Senhor Buda, por favor, não ande por aqui, pois há um homem louco à solta. Seu nome é Angulimala, ele carrega um machado e já matou 999 pessoas! Querido Buda, por favor, não fique neste lugar, é muito perigoso.*"

Buda permaneceu muito calmo, sorriu de modo gentil para a mulher e disse:

"*Obrigado por seu interesse, mas você não precisa se preocupar comigo. Eu estarei bem.*"

Buda continuou a caminhar pela estrada vazia. Então, a mulher correu para ele mais uma vez e insistiu:

"*Ó Buda, por favor, por favor, volte. Ele é tão perigoso. Ele vai matar você!*"

Gentilmente, Buda disse a ela para não se preocupar e continuou andando.

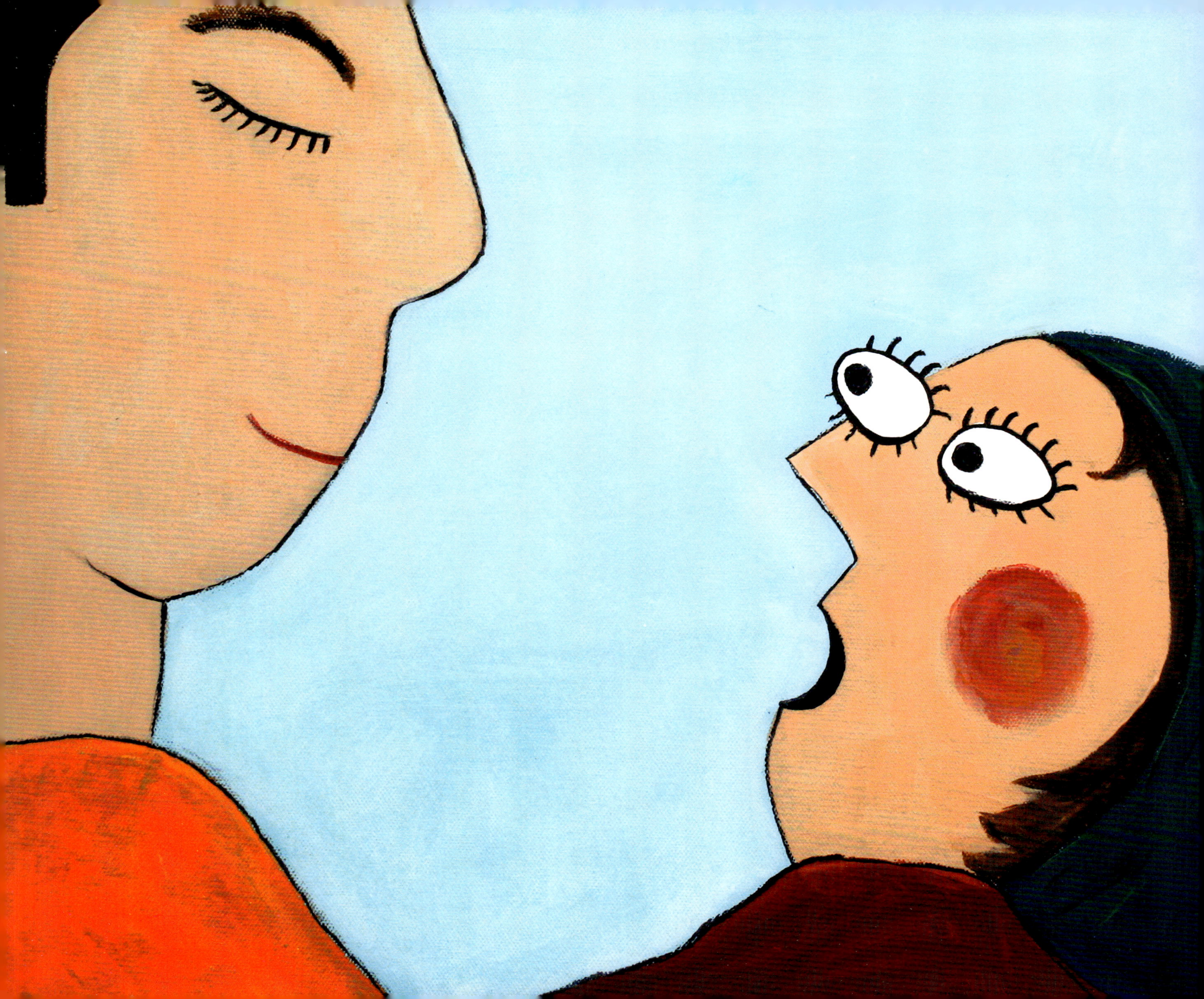

Após algum tempo, Buda percebeu um ruído alto ao longe.

Ele olhou para trás e viu um homem, lá longe, fazendo muito barulho e batendo suas armas. Ele pôde ver que esse homem estava usando um colar de dedos em volta de seu pescoço!

Buda parou de andar e usou seus poderes miraculosos de modo que, não importava o quão rápido Angulimala tentasse correr em direção a Buda, ele não conseguia alcançá-lo.

Ele correu mais e mais até que ficou exausto e então, finalmente, ele gritou para Buda:

"*Pare! Pare!*"

Buda respondeu,

"*Angulimala, eu já parei. É você que precisa parar.*"

Ele tentou atirar seu machado em Buda, mas não conseguiu!

Ele tentou agarrar Buda com suas mãos, mas não conseguiu!

Então, gentilmente, Buda disse a Angulimala para acalmar-se e sentar-se em frente a ele. Apenas por estar sentado na presença de Buda, Angulimala se sentiu muito especial e em paz. Pela primeira vez em muito, muito tempo, ele se sentiu diferente – ele parou de sentir raiva. Ele sentou-se olhando para Buda por um longo tempo e estava impressionado com ele. Angulimala pensou:

"*Esta é a primeira vez que conheço alguém que não tem medo de mim.*"

Então, com uma mente calma, Angulimala perguntou a Buda:

"*O que você quis dizer com 'Eu já parei, você é quem precisa parar'?*"

Buda respondeu:

"*Eu estou dizendo que já parei de cometer ações prejudiciais há muito tempo e, por isso, estou livre do medo em relação a todas as pessoas e seres, incluindo você. Agora, você precisa parar de cometer ações prejudiciais para ficar livre do sofrimento futuro e do medo.*"

Angulimala apreciou profundamente o ensinamento de Buda e, diante de Buda, fez a promessa de parar de prejudicar os outros, prometendo, inclusive, parar de matar. Ele começou a entender como é terrível ficar com raiva. A raiva prejudica a nós mesmos e aos outros e é a principal causa de todos os conflitos e guerras neste mundo.

Angulimala não queria mais sentir raiva. Ele jogou fora suas armas e o colar de dedos e sentiu uma enorme sensação de alívio e paz em seu coração.

Gradualmente, Angulimala transformou-se, tomando Buda como seu exemplo. Dessa maneira, ele mudou sua vida e aprendeu a ser bondoso, sábio e compassivo em relação a todos.

Esta história mostra que todos, até mesmo aqueles que têm uma vida infeliz por terem mentes muito rudes e haverem cometido ações prejudiciais, podem transformar sua vida em uma vida pacífica, feliz e significativa por receberem as bênçãos de Buda.

Sobre o Autor

Venerável Geshe Kelsang Gyatso Rinpoche, ou Geshe-la, como é afetuosamente chamado por seus alunos, é um mestre de meditação budista renomado internacionalmente e que foi pioneiro na introdução do Budismo Moderno na sociedade contemporânea.

Por meio de seu exemplo pessoal, de seus textos e de seus ensinamentos públicos, ele demonstra de que modo todas as pessoas, budistas ou não budistas, podem, seguindo os conselhos de Buda, aprender a se tornar sábias e mais compassivas.

A coleção *Budismo para Crianças:*

A coleção **Budismo para Crianças** convida as crianças a fazerem uma viagem de autodescoberta e autoaperfeiçoamento para ajudá-las a realizarem seu pleno potencial.

O propósito não é convertê-las ao Budismo, mas simplesmente mostrar como todas as pessoas, budistas ou não budistas, podem aprender algo a partir dos ensinamentos de Buda.

Estes livros dirigem-se ao leitor de uma maneira madura, usando a vida e os ensinamentos de Buda como uma base para explorar muitas das questões e preocupações que afligem as crianças de hoje.

Embora estes livros sejam escritos principalmente para crianças, qualquer pessoa que deseje uma explicação clara sobre a essência do Budismo e como ele se aplica à vida moderna irá se beneficiar grandemente ao lê-los.

Para mais produtos sobre Budismo e Meditação, visite **www.tharpa.com/br**

Budismo para Crianças: Nível Um
A História de Angulimala

Budismo para Crianças: Nível Dois
A História de Buda

Budismo para Crianças: Nível Três
O que é o Budismo?

Budismo para Crianças: Nível Quatro
O que é Meditação?